Maria Seidemann

Das will ich wissen

Das alte Ägypten

Maria Seidemann,
geboren 1944, studierte in Potsdam und Berlin.
Sie lebt als freie Autorin in Potsdam, schreibt Drehbücher,
Bücher und Hörspiele für Kinder, Jugendliche und Erwachsene.
Sie erhielt u. a. den „Fontanepreis“ des Bezirks Potsdam,
den „Alex Wedding Preis“ der Akademie der Künste
und den Jugendbuchpreis „Buxtehuder Bulle“.

Hauke Kock
ist Jahrgang 1965 und studierte Kommunikations-Design.
Seit 1991 arbeitet er als freischaffender Illustrator.
Er illustriert vor allem Kinder- und Jugendsachbücher.
Außerdem interessiert er sich für freie Malerei und Fotografie.

In neuer Rechtschreibung

1. Auflage 2004

Einband und Illustrationen: Hauke Kock
Gesamtherstellung: westermann druck GmbH, Braunschweig
ISBN: 3-401-05745-6

Maria Seidemann

Das will ich wissen

Das alte Ägypten

Mit farbigen Bildern von
Hauke Kock

Arena

Inhalt

Sachwissen: Das alte Ägypten

Ein ganz neuer Tag

Jeden Nachmittag spielen Rama und Hori
zusammen am Ufer des Nils.
Aus den dicken Stängeln der Papyruspflanze
haben sie sich ein Floß gebaut.
„Wir paddeln zur Insel“, schlägt Rama vor.
Aber Hori schaut nach dem Stand der Sonne.
„Ich muss nach Hause“, sagt er.
Sein Vater hat den ganzen Tag gepflügt.
Bevor es dunkel wird,
will er die Hütte
mit getrocknetem Nilschlamm ausbessern.
Dabei muss Hori helfen.

„Bis morgen, Hori!“
Rama rennt zum Haus seiner Eltern.
Im Hof trifft er den Vater.
Der kommt von der Baustelle
vor dem westlichen Tor.
Dort wächst eine gewaltige Pyramide,
die Grabstätte des Königs.
Ramas Vater arbeitet beim Bau als Aufseher.

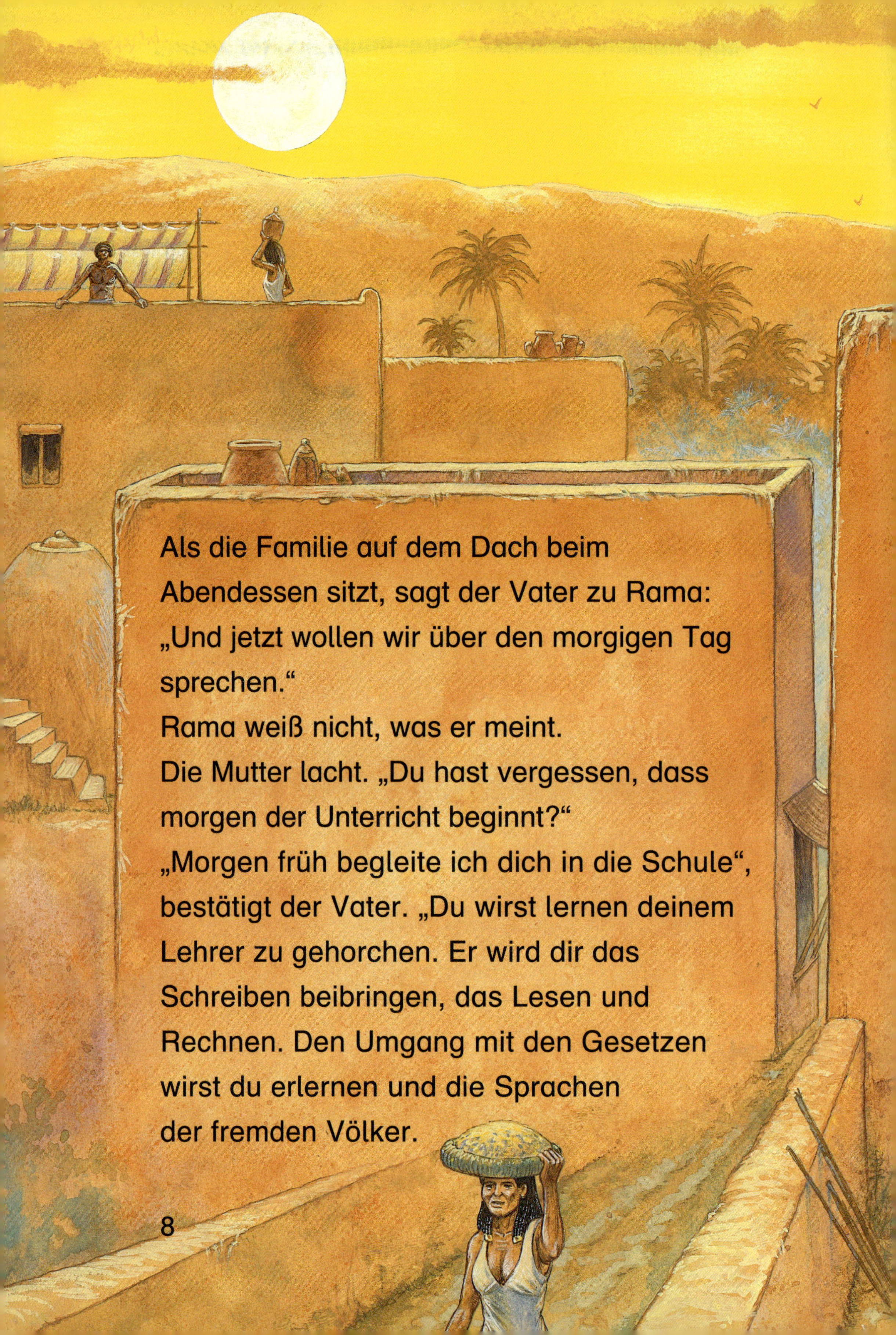

Als die Familie auf dem Dach beim Abendessen sitzt, sagt der Vater zu Rama: „Und jetzt wollen wir über den morgigen Tag sprechen.“

Rama weiß nicht, was er meint.

Die Mutter lacht. „Du hast vergessen, dass morgen der Unterricht beginnt?“

„Morgen früh begleite ich dich in die Schule“, bestätigt der Vater. „Du wirst lernen deinem Lehrer zu gehorchen. Er wird dir das Schreiben beibringen, das Lesen und Rechnen. Den Umgang mit den Gesetzen wirst du erlernen und die Sprachen der fremden Völker.

Wir werden stolz sein auf unseren Sohn."
Rama schweigt verwirrt.
Er kann sich nicht vorstellen ein Schüler zu sein.
Die Mutter holt ein scharfes Messer.
Sie schneidet Rama den Kinderzopf ab.
„Jetzt bist du ein großer Junge", sagt sie.
Rama fühlt sich fremd.
„Und Hori?", fragt er hoffnungsvoll.
„Hori kommt doch mit in die Schule?"
„Nein", antwortet der Vater. „Hori wird Bauer wie sein Vater. Mit den Söhnen wohlhabender Familien wirst du in der Schule zusammen sein."

„Aber nachmittags spiele ich mit Hori!"
„Die Schüler wohnen in der Schule", sagt der Vater. „Du wirst Hori nicht mehr treffen."
Ramas Augen füllen sich mit Tränen.
Hori wird vergeblich auf ihn warten und allein mit dem Floß zur Insel fahren.
Schnell sinkt die Dunkelheit herab.
Die Mutter breitet Ramas Matte auf dem Dach aus.

„Ja“, sagt Sinuhe, „ich werde alles lernen, was die klügsten Männer wissen! Und wenn ich erwachsen bin, werde ich Beamter oder Gelehrter! Oder Arzt wie mein Vater. Und du, was willst du werden?“

„Ich weiß es noch nicht“, sagt Rama.

Am anderen Nilufer erhebt sich zögernd die Sonne.

Aber Rama kann nicht einschlafen.
Unruhig wälzt er sich auf seiner Matte.
„Kannst du auch nicht schlafen?“, fragt plötzlich eine Stimme vom Nachbardach.
Rama richtet sich auf. „Wer ist da?“
„Ich heiße Sinuhe, ich komme morgen in die Schule! Ich freue mich so, dass ich kein Auge schließen kann!“
„Du freust dich?“
Rama späht über den Rand des Daches.

◀ Vorläufer der Pyramiden waren die Mastabas. Das sind rechteckige Grabbauten. Reiche Ägypter bauten immer höhere Mastabas.

Mittelmeer
Alexandria
Per-Ramses
Giseh
Memphis
Faiyum
Golf von Suez
Achetaton
(Tell el-Amarna)
Abydos
Oase
Charga
Tal der Könige
Karnak
Theben
(Luxor)
Hierakonpolis
Assuan
fruchtbares Gebiet
Wüste
Europa
Mittelmeer
Afrika

Pyramiden und Pharaonen

Vor langer Zeit herrschten in Ägypten mächtige Pharaonen. Sie wurden wie Götter verehrt. Alle Menschen mussten ihnen dienen und gehorchen. Wenn ein Pharao starb, wurde er in gewaltigen Grabanlagen beigesetzt. Die Pyramiden kannst du heute noch besichtigen. Die Ägypter wussten schon damals viel über Mathematik, Medizin und Astronomie. Auch eine Schrift haben sie erfunden: die Hieroglyphen-Schrift. Die Zeit der Pyramiden und Pharaonen nennen wir heute das „alte Ägypten“.

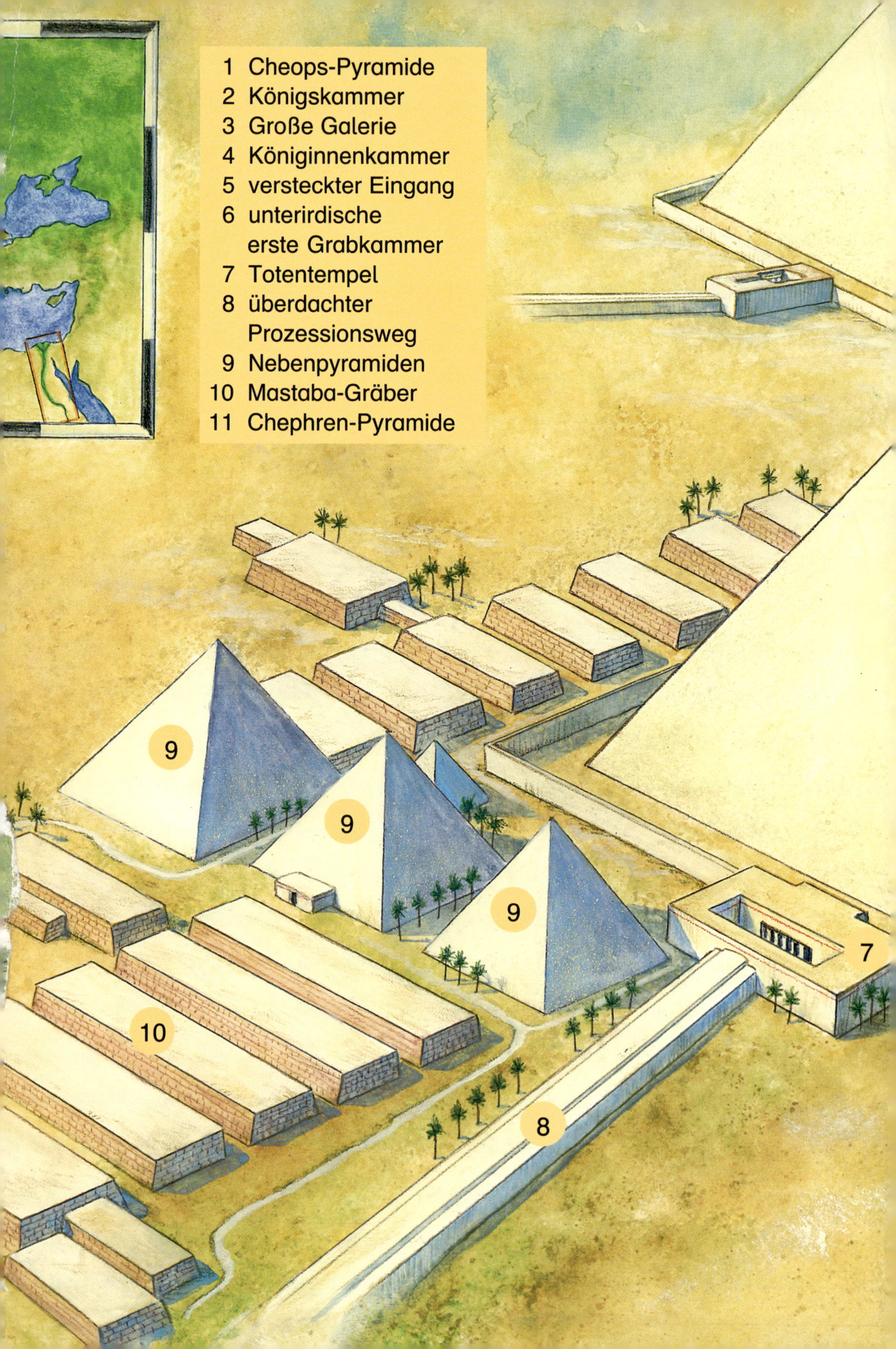

1 Cheops-Pyramide
2 Königskammer
3 Große Galerie
4 Königinnenkammer
5 versteckter Eingang
6 unterirdische erste Grabkammer
7 Totentempel
8 überdachter Prozessionsweg
9 Nebenpyramiden
10 Mastaba-Gräber
11 Chephren-Pyramide

Das Land am Nil

Ägypten ist ein Land in Afrika.
Vor Jahrtausenden bestand es nur aus
einem Tal zu beiden Seiten des Nils.
Der Nil ist der längste Fluss der Erde.
Er bahnt sich sein Bett
durch das felsige Hochland zwischen
zwei gewaltigen Wüsten.
Bewohnt war dieses Tal
schon seit dem Ende der Eiszeit.

11
1
2
3
4
5
6

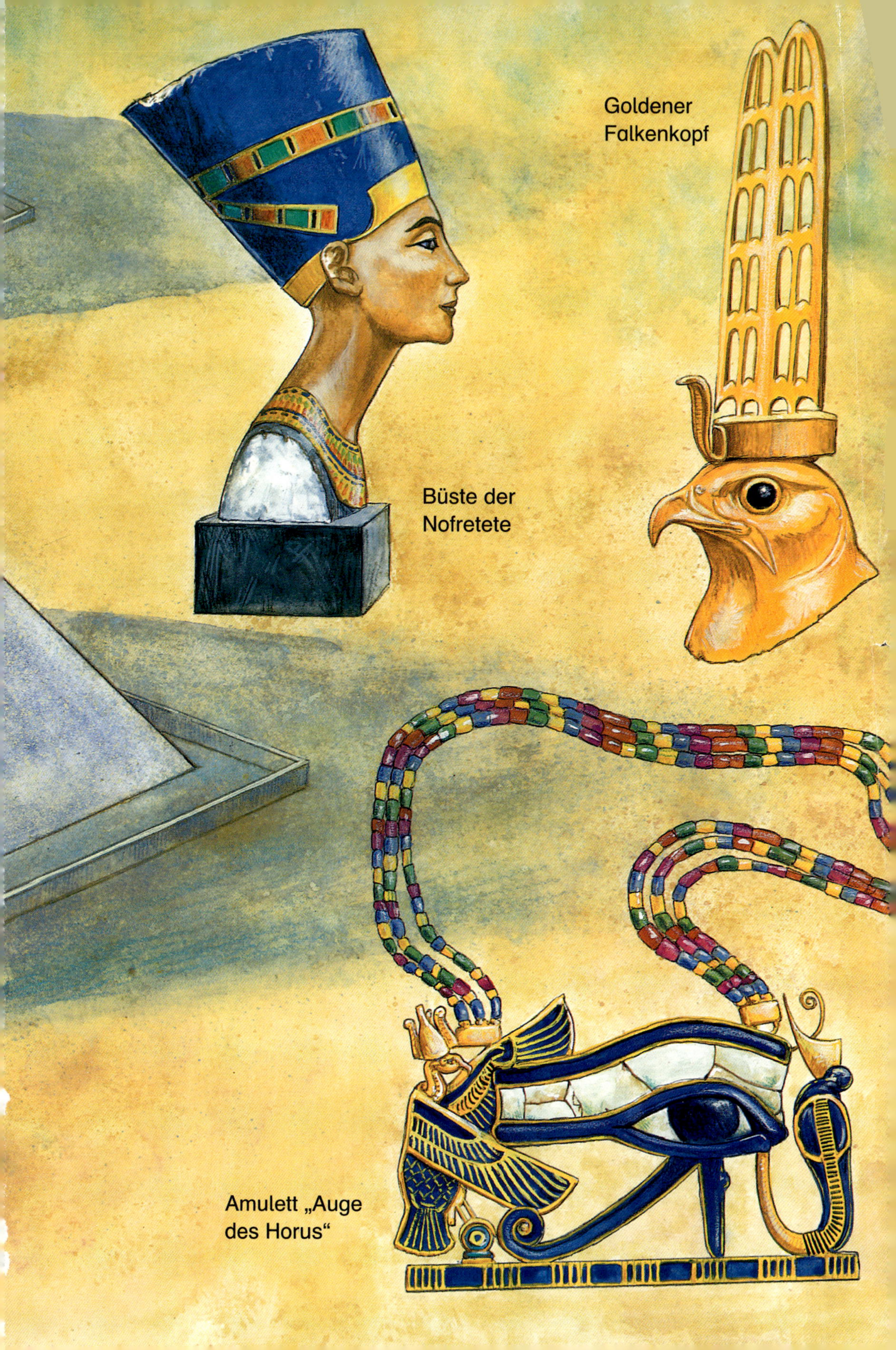
Goldener
Falkenkopf
Büste der
Nofretete
Amulett „Auge
des Horus“

Die Pyramiden von Giseh

Die Könige Cheops, Chephren und Mykerinos ließen die größten Pyramiden Ägyptens bauen.

Vor 5 000 Jahren gelang es dem König Menes, die Teile des Landes zusammenzufassen. Das Ägyptische Reich entstand.
Durch siegreiche Kriegszüge vergrößerten die ägyptischen Könige ihr Herrschaftsgebiet. Gewaltige Städte und starke Festungen wurden gebaut. Wissenschaft und Kunst gelangten zu höchster Blüte. Ägypten wurde ein Weltreich.
Aber vor ungefähr 2 000 Jahren wurde das reiche, fruchtbare Ägypten besiegt und besetzt: zuerst von den Persern, später von den Römern. Seine Sprache, seine Schrift, seine gesamte Kultur gerieten für lange Zeit in Vergessenheit.

Geschenk des Flusses

Ägypten ist ein Geschenk des Flusses Nil, behauptete ein Schriftsteller des Altertums. Denn jedes Jahr im Sommer überschwemmte der Nil das Land.

Wenn er sich wieder in sein Bett zurückzog, hinterließ er fruchtbaren schwarzen Schlamm. Auf diesem Nilschlamm konnten die Bauern Felder anlegen.

Damit der Boden länger feucht blieb, wurden Kanäle und Schöpfwerke gebaut.

Zur Feldarbeit dienten Hacke und Sichel,
Holzpflug und Rindergespann.
Außer Rindern gab es noch andere Haustiere:
Esel, Ziegen und Schafe, Hunde und Katzen,
Gänse und Enten.
Auf den Feldern wurden Weizen, Gerste
und Flachs angebaut.
In den Gärten wuchsen Zwiebeln, Bohnen
und Linsen, Feigen und Datteln, Melonen
und Trauben.

Zum Fischfang benutzte man Boote
aus den Stängeln der Papyruspflanze,
die an den sumpfigen Ufern wuchs.

Alltag am Nil

Die Häuser der Reichen waren zweistöckig. In den Zimmern standen Stühle, Tische und Betten, sehr ähnlich unseren heutigen Möbeln. Es gab Badezimmer und Toiletten mit Wasserspülung. Öllampen erhellten die Räume. In warmen Nächten schlief man auf dem flachen Dach.

Die Kleidung bestand aus gewebtem Leinen.
Schmuck und Kosmetik waren sehr beliebt.
Die Erwachsenen trugen kurze Haare
und bei festlichen Gelegenheiten Perücken.
Die Frisur der Kinder
war ein seitlich gebundener Zopf.
Die Mädchen spielten mit Puppen, die Jungen
übten sich im Ringen oder Bogenschießen.
Es gab Brettspiele, Bälle und Holztiere.

Wohlhabende Eltern ließen ihre Kinder
auf der Harfe oder der Laute unterrichten.
Wer es sich leisten konnte,
schickte seine Söhne in die Tempelschulen.
Töchter wurden zu Hause erzogen.
Die Frauen behandelte man respektvoll.
Sie hatten genauso viele Rechte
wie die Männer.
Das wichtigste Nahrungsmittel war Brot.
Erwachsene tranken Bier,
die Kinder bekamen Milch.

Man aß viel Gemüse, auch Fisch.
Fleisch war sehr teuer
und wurde selten verzehrt.
Die Bauern lebten in Hütten aus getrocknetem
Schlamm, oft mit ihren Tieren unter
demselben Dach.
Statt Möbel gab es nur Schilfmatten.
Die Kinder halfen den Eltern bei der Arbeit.

Der Pharao

Die ägyptischen Könige galten als unsterblich und wurden wie Götter verehrt.
Der König trug den Titel Pharao, das heißt Großes Haus.
So wurde auch der Palast genannt, in dem der König mit seinen Frauen und Kindern wohnte.
Im Unterschied zu den Sterblichen durfte er mehrere Frauen heiraten.
Der Pharao war oberster Priester, Oberbefehlshaber der Armee, oberster Verwaltungsbeamter.
Ihm gehörte das ganze Land.
Alle Bewohner standen in seinem Dienst.
Das Volk konnte den Pharao nur zu besonderen Gelegenheiten sehen.
Das waren einige wichtige Pharaonen:
Cheops ließ sich die größte Pyramide bauen.
Echnaton und seine Frau Nofretete ließen sich nicht als Götter verehren und wollten auf Bildnissen stets „menschlich“ dargestellt werden.

Hatschepsut war die erste Frau
auf dem ägyptischen Thron.
Sie bescherte ihrem Volk eine lange
Friedenszeit.

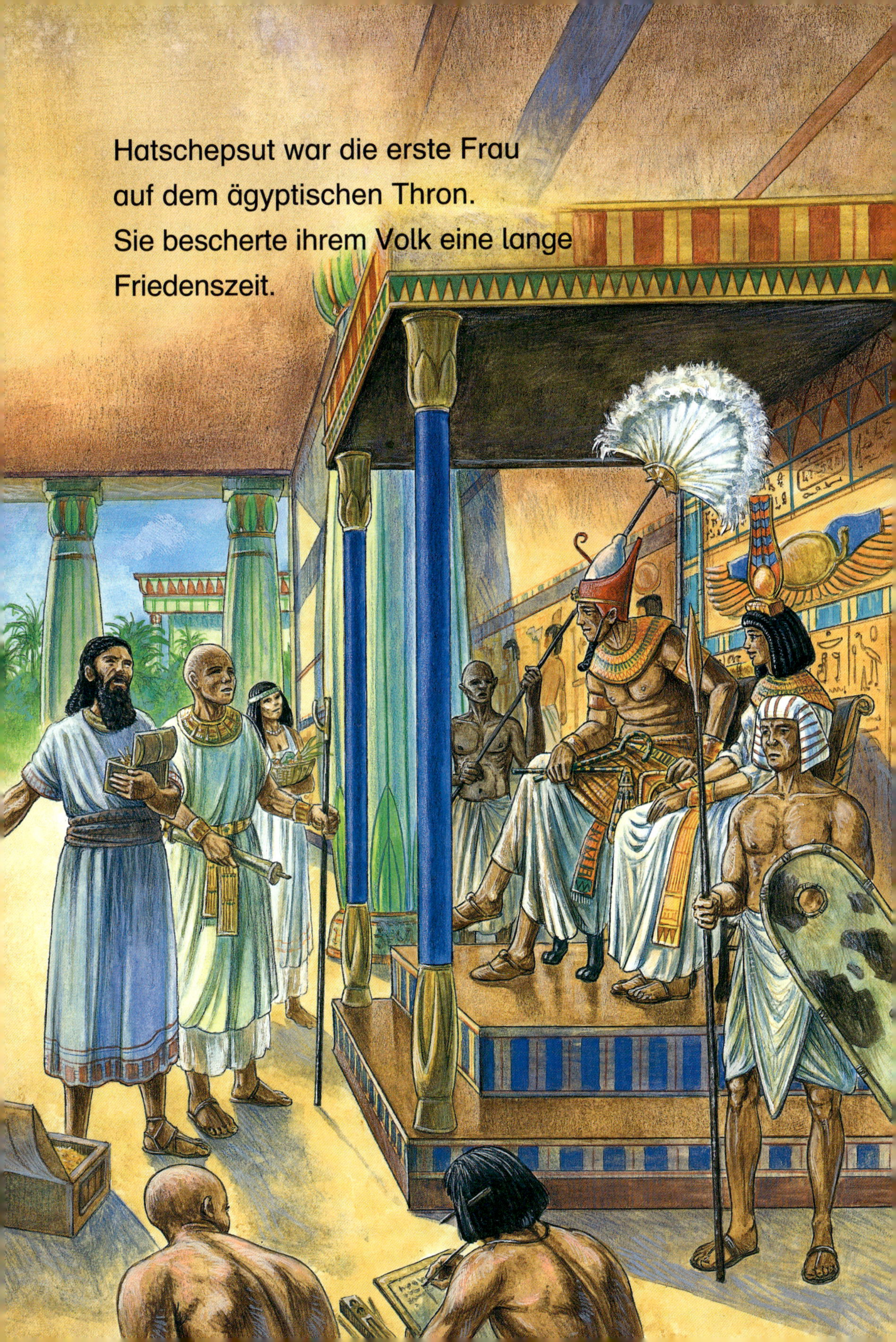

Götter, Tempel, Priester

Viele verschiedene Götter wurden verehrt.
Jeder Gott hatte einen eigenen Tempel.
Vor den Standbildern der Götter wurden Brot,
Wein und Fleisch geopfert.
Nur die Priester durften den Tempel betreten.
An besonderen Feiertagen zeigten sie dem Volk
die Götterbilder in prunkvollen Prozessionen.
Besonders prächtig war der Amun-Tempel
in der Hauptstadt Theben.
Man kann ihn heute noch besichtigen.
Von einem Nebenkanal des Nils führt
eine Straße zu der riesigen Anlage
mit Tempelhallen und
Nebengebäuden. Diese Straße
wird gesäumt von zwei Sphinx-
Reihen. Eine Sphinx ist
eine Steinfigur mit Tierleib
und Menschenkopf.

Amun war der Stadtgott von Theben.
Andere wichtige Götter waren Osiris,
der Gott der Unterwelt, seine Gemahlin Isis
und ihr Sohn Horus mit dem Falkenkopf.
Hator war die Göttin der Liebe, Sachmet die
Kriegsgöttin, Maat die Göttin der Gerechtigkeit.
Anubis war der Hüter des Totenreiches.

Leben nach dem Tode

Die Ägypter glaubten an ein Weiterleben
nach dem Tode.
Damit der Körper des Toten nicht verweste,
wurde er mit Salben einbalsamiert
und in Natron getrocknet.
Danach umwickelte der Balsamierer
den Körper mit Binden.
Von dem Gesicht des Toten nahm er einen
Gipsabdruck und fertigte eine Maske an.
So wurde aus dem Körper eine Mumie.

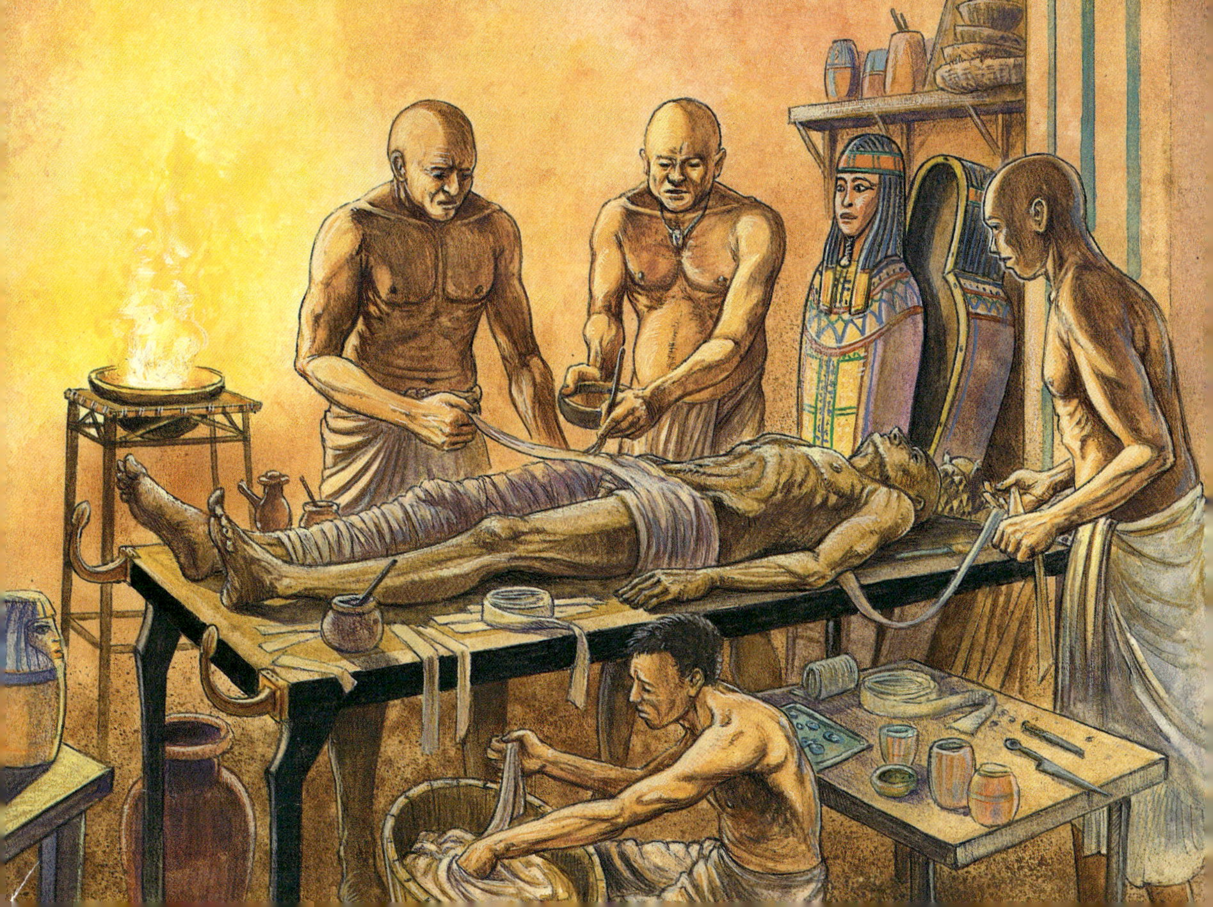

Zuletzt öffnete man dem Toten den Mund,
damit er wieder sprechen konnte.
Denn um ins ewige Leben zu gelangen,
musste er sich vor dem Totengericht
für seine Taten rechtfertigen.
Wenn er die Prüfung bestand, ließen ihn
die Götter ins Totenreich ein – wenn nicht,
fraß ihn ein Krokodil.

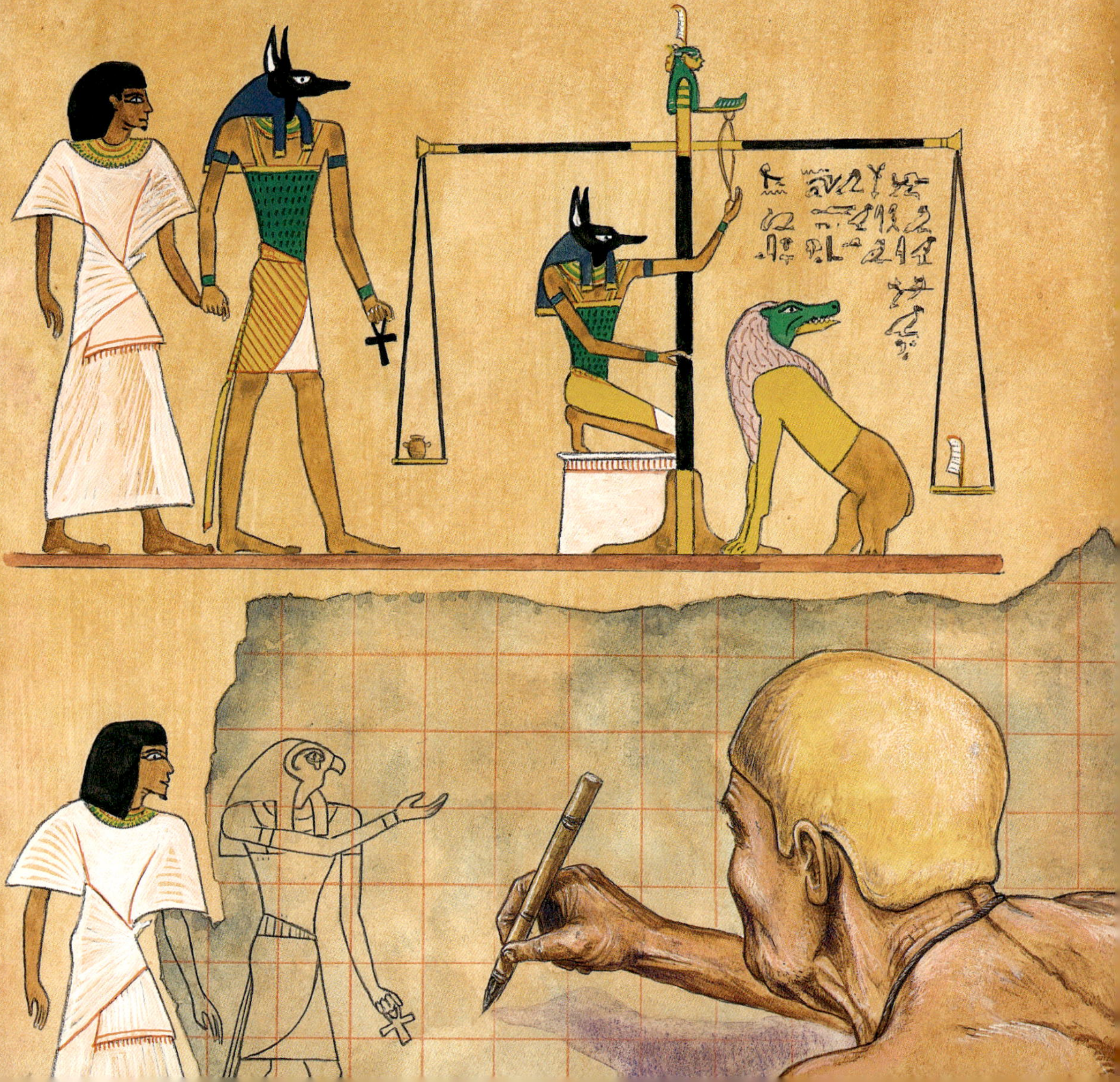

Ins Grab wurden den Verstorbenen
Schmuck, Kleider und Vorräte
für das Leben im Jenseits mitgegeben.
Am prächtigsten waren natürlich
die Königsgräber ausgestattet.
Die Grabkammern waren wie Palasträume
eingerichtet. Bilder aus dem höfischen Leben
schmückten die Wände.
Der Sarg war aus kostbarem Material
und mit einem Abbild des Königs bedeckt.
Über den Grabkammern ließen sich die Könige
schon zu Lebzeiten gewaltige Pyramiden
errichten.

Die Pyramiden sind die größten Baudenkmäler des alten Ägypten. Sie verkörperten die Unsterblichkeit des Königs. Die höchste war mit 147 Metern die Cheopspyramide.
Beim Bau der Pyramiden waren Hunderttausende beschäftigt: die Bauern (während der Überschwemmung), oft auch Gefangene und vor allem viele Handwerker.

Steinhauer schlugen riesige Blöcke
aus den Felsen und transportierten sie
auf dem Nil zur Baustelle.
Über schräge Rampen wurden die Blöcke
zu ihrem vorbestimmten Platz gebracht.
Die Maße wurden so genau berechnet,
dass nicht einmal eine Messerklinge
zwischen zwei Blöcke passte!

Die Hieroglyphen

Die Ägypter erkannten sehr früh,
dass man sich mit Schriftzeichen über Zeiträume
und Entfernungen hinweg verständigen kann.
Sie erfanden die Hieroglyphen-Schrift.
Hieroglyphen sind Bildzeichen.
Anfangs bedeutete zum Beispiel
ein gezeichnetes Auge nur ein Auge,
später auch das Wort „sehen".
Und schließlich stellten die Bildzeichen
noch einzelne Buchstaben dar.
Diese Schrift war schwer zu erlernen.
Daher war der Beruf des Schreibers
sehr angesehen.

Das Mark der Papyruspflanze wird in Streifen geschnitten.

Die Streifen werden zu einem Bogen zusammengeklopft.

Danach wird der Bogen geglättet.

Die Bögen werden zu Rollen zusammengeleimt.

Mit Schilfstängel und Tinte schrieben
die Schreiber auf einem papierähnlichen Stoff.
Er wurde aus der Papyruspflanze hergestellt.
Die Schrift war die Voraussetzung dafür, dass
Gedichte und Romane entstehen konnten.
Auch Mathematiker, Astronomen und Ärzte
schrieben ihr Wissen für die Nachkommen auf.

Die Schrift erleichterte auch den Händlern ihre Tätigkeit.
Mit Karawanen oder Schiffen bereisten sie die Nachbarländer.
Ihnen folgten die Diplomaten, die politische Beziehungen zwischen den Pharaonen und anderen Herrschern knüpften.
Briefe und Verträge gingen hin und her.

Gerichte und Behörden verfassten Urkunden, Akten und Gesetze.
Wer im alten Ägypten einen geachteten Beruf ergreifen wollte, der musste die Schrift beherrschen.

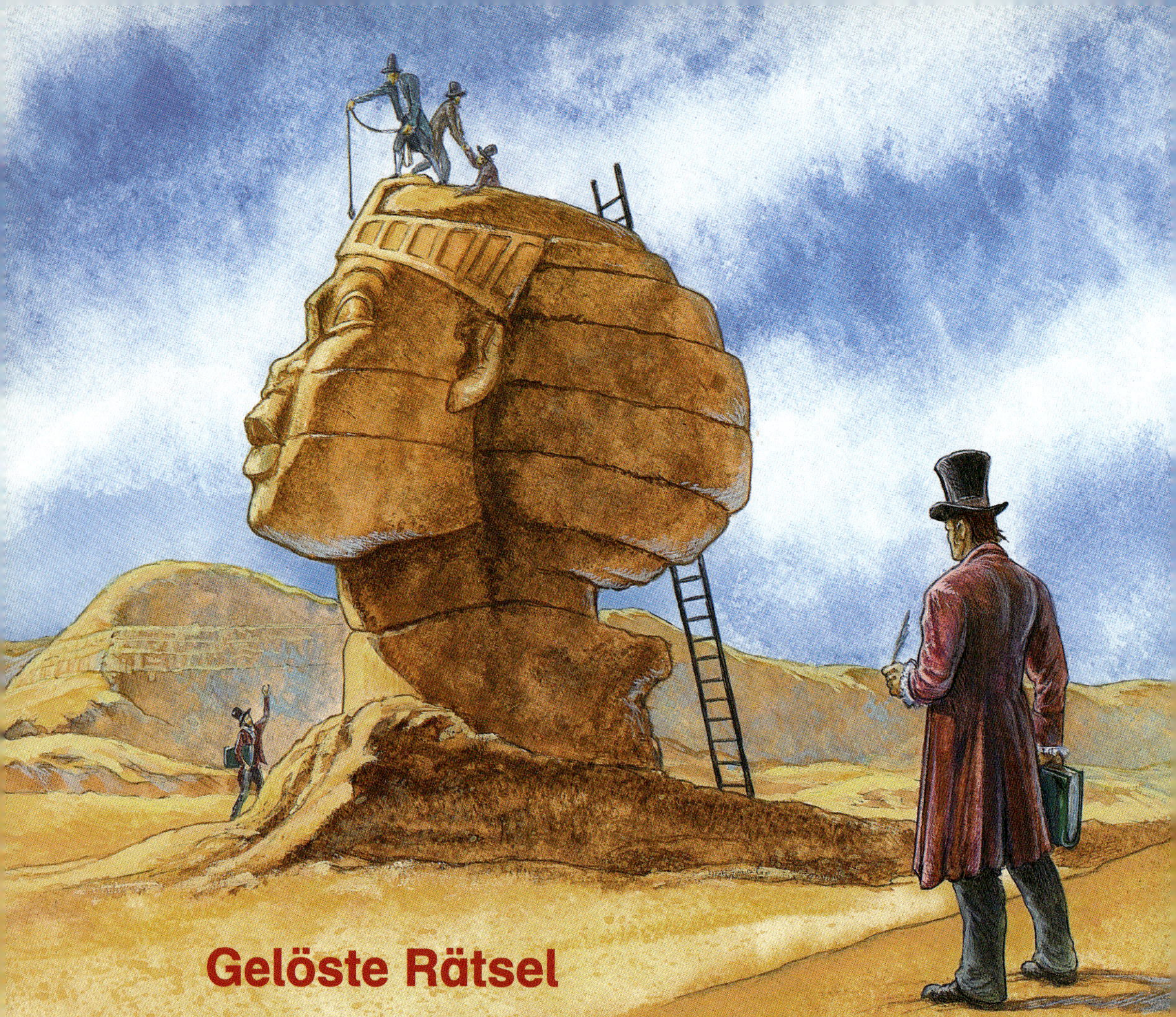

Gelöste Rätsel

Vor zweihundert Jahren wusste man
noch sehr wenig über das alte Ägypten.
Da brachten Forscher von einer Expedition
interessante Dinge mit:
Papyrusrollen, die niemand lesen konnte,
Gerätschaften, deren Nutzen niemand kannte,
Bilder von tierköpfigen Wesen,
deren Bedeutung ein Rätsel blieb.

Und sie brachten einen großen Stein mit,
der bald alle diese Rätsel lösen sollte:
den Drei-Sprachen-Stein.
Man nannte ihn so, weil er mit Schriftzeichen
in drei Sprachen bedeckt war,
darunter auch Hieroglyphen.
Die Wissenschaftler hielten es für unmöglich,
die Hieroglyphen zu entziffern.
Ein elfjähriger französischer Junge,
der schon mehrere alte Sprachen beherrschte,
wollte die Hieroglyphen enträtseln.
Jean-François Champollion war
von seinem Plan so besessen,
dass es ihm nach 20 Jahren gelang.

Jetzt konnte man die Papyrusrollen lesen,
in denen die Reichtümer der Pharaonen
beschrieben wurden.
Forscher begannen
im Umkreis der Pyramiden zu graben.
Bald fanden sie die ersten Grabkammern.
Aber sie waren leer.
Grabräuber hatten sie geplündert.

Erst im Jahr 1922 wurde das ungeöffnete Grab
des Königs Tutanchamun entdeckt.
Es enthielt außer dem Sarg des Pharao
mehrere reich gefüllte Schatzkammern,
den Königsthron und zahlreiche Bilder
und Schriften.
Daraus konnten die Wissenschaftler viel über
das Leben im alten Ägypten lernen.
Und wer heute die Schätze
aus den Pharaonengräbern sehen will,
der kann sie im Museum betrachten.

Museumsadressen

Es gibt viele Museen, die Kindern tolle Einblicke in das Leben der alten Ägypter geben. Hier sind einige Beispiele:

Liebieghaus in Frankfurt am Main (D): Das Museum beherbergt eine Sammlung ägyptischer Skulpturen und bietet spezielle Führungen und Wochenend- sowie Ferienkurse für Kinder zum Thema „altes Ägypten" an.
Schaumainkai 71, Tel.: 00 49/0 69/2 12-3 86 17, www.liebieghaus.de

Kestner Museum in Hannover (D): Hier kann man eine umfassende Sammlung zur ägyptischen Kultur anschauen. Kinder können in vielfältigen Workshops selbst aktiv werden.
Trammplatz 3, Tel.: 00 49/05 11/16 84 21 20, www.kestner-museum.de

Ägyptisches Museum in Leipzig (D): Schöne Sammlung mit vielen ägyptischen Exponaten.
Burgstraße 21, Tel. 00 49/03 41/9 73 70 10

Ägyptisches Museum in Berlin (D): Das Museum widmet sich den Spuren der Pharaonen. Es finden Familien- sowie Kinderführungen statt (besichtigt und erklärt wird z. B. die berühmte Büste der Königin Nofretete). Schlossstr. 70, Tel.: 00 49/30/28 39 74 44

Kunsthistorisches Museum in Wien (A): Die ägyptische Sammlung ist eine der größten und besten auf diesem Gebiet. Es werden auch Führungen für Kinder angeboten.
Maria-Theresien-Platz, Tel.: 00 43/1/5 25 24-4 21

Antikenmuseum in Basel (CH): Das Museum widmet sich der antiken Kunst des Mittelmeerraumes und stellt auch ägyptische Kunst aus.
St. Albangraben 5, Tel.: 00 41/6 12 01 12 12,
www.antikenmuseumbasel.ch